# DISCOURS



PRONONCÉS AUX OBSÈQUES DE

# Paul-Auguste LUBERT

DOCTEUR EN MÉDECINE

ANCIEN CONSEILLER GÉNÉRAL DE LA HAUTE-SAÔNE

CHEVALIER DE LA LÉGION D'HONNEUR

## Décédé à Héricourt le 3 Février 1889

VESOUL

IMPRIMERIE DE A. SUCHAUX

1889

# DISCOURS



## PAUL-AUGUSTE LUBERT

DOCTEUR EN MÉDECINE

ANCIEN CONSEILLER GÉNÉRAL DE LA HAUTE-SAÔNE

CHEVALIER DE LA LÉGION D'HONNEUR

### Décédé à Héricourt le 3 Février 1889

VESOUL

IMPRIMERIE DE A. SUCHAUX

1889

# DISCOURS DE M. ALFRED SUCHAUX

Messieurs,

La foule qui se pressait à cette cérémonie funèbre, le nombreux cortège d'amis venus jusqu'à cette tombe pour rendre les derniers devoirs à l'homme de bien dont nous pleurons la perte, disent assez la place que M. Lubert occupait dans l'estime de tous, dans l'affection de ceux qui, l'ayant bien connu, ont pu connaître aussi ses belles qualités d'esprit et de cœur. Il m'a été donné de les apprécier, ces qualités si grandes, dans le charme de son intimité, dans les confiantes effusions d'une vieille et solide amitié.

C'est à ce titre, Messieurs, que je prends la parole pour vous retracer en quelques mots la vie modeste et pourtant si bien remplie de celui que la mort vient de nous enlever trop rapidement.

Paul-Auguste Lubert naquit à Héricourt le 20 juillet 1807.

Il fit ses études classiques d'abord au collège de Montbéliard, puis au lycée de Besançon, et ses études de médecine à Strasbourg, où il fut reçu docteur : il n'avait alors que vingt ans.

Désireux de se perfectionner dans la connaissance de la science médicale, il séjourna pendant une année à Paris, suivit les leçons des maîtres de l'époque, et revint se fixer définitivement à Héricourt, en 1829. Il y retrouvait son père, Médecin lui-même dans cette ville depuis de nombreuses années.

Le zèle et le talent dont Paul Lubert fit preuve à ses débuts dans l'exercice de sa profession lui valurent bientôt une grande notoriété et de nombreuses sympathies : on le trouve Conseiller municipal dès

1834, Adjoint au maire de 1843 à 1846, et les suffrages de ses concitoyens lui restèrent constamment fidèles jusqu'en 1870; à dater de ce moment, les fonctions de Juge de paix devinrent incompatibles avec celles de Conseiller municipal.

Car il avait été nommé Juge de paix vers la fin de l'année 1846, succédant à son oncle Louis Lubert, qui occupait le siège d'Héricourt depuis sa création, après la Révolution.

De la pratique de la Médecine, Paul Lubert passa donc à l'étude du Droit. C'était un nouveau travail devant lequel ne recula pas son infatigable activité : il s'en tira à son honneur, et ne tarda pas à être compté parmi les magistrats les meilleurs et les plus instruits.

Son esprit conciliant, la sagesse des jugements qu'il prononçait accrurent encore sa popularité dans un canton qui lui était déjà acquis comme Médecin. Aussi, nous le voyons arriver au Conseil général en 1848 et y figurer jusqu'en octobre 1871. Dans cette période, soumis trois fois à la réélection, trois fois il fut élu, pour ainsi dire, à l'unanimité des suffrages, et, pour lui fermer les portes de l'Assemblée départementale, il ne fallut rien moins que la loi qui interdisait aux Juges de paix d'être Conseillers généraux dans leur canton.

Presque au lendemain de son entrée au Conseil général, Paul Lubert se fit connaître par un important rapport sur la Révision de la Constitution. Ce travail le désigna au choix de ses collègues pour le poste de Secrétaire, qu'il occupa depuis 1850. Il fut ensuite nommé Vice-Président du Conseil en 1869.

En 1862, il avait été fait Chevalier de la Légion d'honneur.

Mis à la retraite comme Juge de paix en 1878, il se consacra exclusivement à la Médecine, qu'il n'avait jamais complétement abandonnée.

Voilà l'homme public : que dirai-je de l'homme privé ?

C'était une nature d'élite, une remarquable intelligence. Grande était son érudition, plus grand encore son amour du savoir. Il étudiait sans cesse, portant ses investigations sur les sujets les plus divers, sur les problèmes les plus compliqués de la science moderne. Il les abordait tous avec la même facilité, avec un égal succès. Les hommes aussi richement doués sont rares, Messieurs ; ils honorent le pays qui les a vus naître.

Vous parlerai-je des autres mérites de M. Lubert, de son affabilité, de son extrême bienveillance, de son amour du bien, des services qu'il n'a cessé de rendre aux faibles, aux déshérités de la fortune, à tous ceux qui venaient chaque jour s'éclairer de ses conseils, ou solliciter son appui ?

Tous ces mérites, vous savez à quel degré il les possédait vous, ses amis, qui avez vécu à ses côtés, qui l'avez vu à l'œuvre. Vous gardez fidèlement le souvenir des vertus de votre concitoyen, et vous leur rendez aujourd'hui un suprême hommage. Hommage bien juste, hommage du cœur et de la reconnaissance, qui réconforte, et qui est un soulagement à la douleur d'une famille cruellement éprouvée !

C'est dans cette expression si touchante des regrets de toute une population, c'est aussi et surtout dans sa foi chrétienne qu'elle puisera la force et le courage nécessaires pour supporter le coup qui la frappe et pour adoucir les premiers tourments d'une séparation qui n'est pas éternelle.

Cher Monsieur Lubert, excellent ami, je ne vous dis pas adieu, mais au revoir !

# DISCOURS DE M. DIÉNY

Secrétaire général de la Préfecture du Doubs

Messieurs,

Lorsque, il y a huit jours à peine, je causais avec M. Lubert d'événements récents, j'étais loin de prévoir que je me verrais appelé si vite à apporter sur sa tombe un suprême témoignage de mon respectueux attachement, de ma profonde gratitude.

S'il n'avait pas absolument échappé aux inévitables atteintes de l'âge, son esprit n'avait rien perdu de sa lucidité un peu incisive, sa prodigieuse mémoire n'avait pas de défaillances, son jugement était resté sûr et droit. Jusqu'à son dernier jour, il s'intéressa à cette politique qu'il aima avec passion, en dépit, en raison même peut-être des désillusions qu'elle lui apporta. Car il n'était pas de ces faibles cœurs que l'insuccès abat ; sa cause vaincue ne lui en était que plus chère. Il la défendait avec clairvoyance ; il savait reconnaître les fautes de ses amis et respecter les convictions de ses adversaires. Personne mieux que moi ne peut l'affirmer, car je suis certain que l'ardeur, souvent même la vivacité de nos discussions n'altérèrent jamais — bien au contraire — l'amitié dont il m'honorait.

Il était resté le dernier représentant d'une génération dont Héricourt a le droit d'être fier. Avec lui disparaît toute une époque de notre vie locale. S'il avait abandonné la vie municipale active, il ne se désintéressait pas de nos affaires. Comment eût-il pu le faire ! Jamais enfant d'Héricourt ne fut plus profondément attaché à sa ville natale. Certes, les occasions ne lui manquèrent pas de la quitter : rien ne le séduisit qui devait l'en éloigner. Cet esprit d'une si haute valeur sut borner son ambition à représenter ses concitoyens au Conseil général, en même temps qu'il exerçait cette magistrature de paix, la plus modeste dans la hiérarchie, la plus belle, la plus noble, la plus utile quand elle est tenue par un homme pénétré de ses devoirs, connaissant ses justiciables, ayant sur eux l'autorité du caractère et de la situation, rapprochant les adversaires, conciliant les intérêts, supprimant les divisions, et devenant ainsi véritablement le pacificateur de son canton.

Certes, cette ambition peut paraître bien étroite aujourd'hui. Qui sait, pourtant! Peut-être n'en est-il pas de plus haute. Être le citoyen le plus éminent de sa ville natale — si petite, si modeste soit-elle — mettre durant une longue vie, au service de ses concitoyens, son intelligence, sa science, son dévouement, la grande connaissance qu'on a acquise des hommes et des choses, n'est-ce donc rien? Et quand on s'en va après avoir accompli sa tâche, n'est-ce donc rien d'être accompagné une dernière fois par une population en grande majorité républicaine, qui vient saluer respectueusement la dépouille mortelle de cet infatigable champion de la Monarchie, et qui gardera pieusement le souvenir de ce bon citoyen?